AF240300

COMITÉ NATIONAL DU RAIL AFRICAIN

Siège social : 15, rue Richepanse, Paris.

Le Transsaharien

ORGANE VITAL

de notre Empire africain

PAR

LE Lᵗ-COLONEL P. GODEFROY

anclen directeur de la ligne Biskra-Touggourt

ANGOULÊME

IMPRIMERIE L. COQUEMARD

42, rue Fontaine-du-Lizier, 42

—

1922

Le Transsaharien

Organe vital de notre Empire africain

Depuis une quarantaine d'années, le projet d'une liaison par voie ferrée, à travers le Sahara, entre nos possessions du nord, du centre et de l'ouest de l'Afrique a donné lieu à de nombreuses controverses. Entrevue d'abord en 1860 par M. le chef de bataillon Hanoteau, commandant supérieur en Kabylie, soutenue ensuite par d'autres esprits éminents : Duponchel, Renaud des Orgeries, Rolland, Leroy-Beaulieu, Sabatier, pour ne parler que des morts, cette idée a été cependant considérée longtemps comme chimérique, et s'est heurtée, même dans les milieux coloniaux, au scepticisme de beaucoup, à l'indifférence et aux préjugés du plus grand nombre. En outre, l'ignorance incroyable et un peu inquiétante où l'on se tient chez nous des grands travaux entrepris sur le globe, par des nations plus jeunes et plus audacieuses, nous faisait considérer cette œuvre comme gigantesque, alors que l'exécution n'en présente, en réalité, aucune difficulté insurmontable, ni supérieure à celles qu'il a fallu vaincre pour la réalisation du Transcaspien, du Transsibérien, du chemin de fer de Bagdad, du chemin de fer de la Mecque, de la ligne du Cap au Caire et des grands transcontinentaux américains, australiens et argentins.

L'objet de cette étude est d'exposer succinctement l'utilité, le rôle et les conditions d'établissement de la ligne transsaharienne, ainsi que les faits nouveaux d'ordre politique et militaire qui rendent aujourd'hui plus urgent et plus nécessaire que jamais le groupement en un seul faisceau de nos diverses colonies africaines.

CARACTÉRISTIQUES ÉCONOMIQUES DE NOS POSSESSIONS AFRICAINES

Jetons d'abord un coup d'œil sur les deux grandes fractions de notre empire colonial que sépare le Sahara.

L'Algérie et la Tunisie sont pourvues d'un outillage économique d'une certaine ampleur, quoiqu'encore insuffisant ; au Maroc, il reste beaucoup à faire, mais la mise en valeur de ces trois territoires progresse rapidement sous l'influence de l'essor donné à la construction des voies ferrées.

Dans leur ensemble, nos possessions méditerranéennes

représentent une superficie cultivable approximative de 700.000 kilomètres carrés.

Rappelons à titre de comparaison que la superficie de la France est de 550.000 kilomètres carrés.

Leur population globale est d'environ 12 millions d'habitants. Leur commerce extérieur, indice caractéristique de la richesse des pays neufs, s'élève actuellement : pour l'Algérie, à environ 4 milliards de francs ; pour la Tunisie, à environ 1.400 millions ; pour le Maroc, à environ 1.300 millions et au total, pour les trois pays, à 6.700 millons.

Le Maroc, comme il fallait s'y attendre, est en retard sur ses deux voisines. Avec le progrès de la colonisation, son commerce devra, au moins, atteindre la moitié de celui de l'Algérie.

Par suite de la dépréciation de notre monnaie, les évaluations en francs ont perdu de leur précision. Il est préférable de recourir aux évaluations en tonnes de marchandises.

Le tonnage des marchandises embarquées ou débarquées en Algérie était, en 1921, d'environ 4.500.000 tonnes. Ce total comprend un chiffre particulièrement intéressant, celui des marchandises en provenance ou à destination de France, lequel s'élève à environ 2.000.000 de tonnes.

Pour la Tunisie et le Maroc, les mêmes quantités sont respectivement de 900.000 et de 600.000 tonnes pour l'ensemble du trafic.

Avec une superficie productive au moins double, le groupe de nos colonies de l'A. O. F. renferme une population simplement équivalente à celle de notre Afrique du Nord, soit 12.000.000 d'habitants.

Quant à son commerce extérieur, il est seulement pour le moment de 1.250.000.000 de francs correspondant à un tonnage de marchandises, entrées et sorties, d'environ 350.000 tonnes.

A l'A. O. F., il convient de rattacher l'Afrique Equatoriale dont la population, y compris le Cameroun, atteint environ 6.000.000 d'habitants, avec un commerce extérieur de 150.000.000 francs en valeur et de 50.000 tonnes en quantité.

Des chiffres précédents, il résulte que le taux du commerce extérieur par habitant, qui est de 550 francs pour l'Afrique septentrionale, descend à 104 francs pour l'Afrique Occidentale Française et à 25 francs seulement pour l'Afrique Equatoriale.

Cette infériorité des colonies du golfe de Guinée, tient exclusivement à l'insuffisance des voies ferrées dans leurs territoires. On se préoccupe d'y remédier par la mise à exécution d'un vaste programme de chemins de fer, destinés à desservir les principales régions de cultures.

Celle de ces régions qui est la plus deshéritée est en même

temps là plus riche, la plus peuplée et la plus éloignée de la côte. C'est la Boucle du Niger. Ses points extrêmes à l'Ouest et à l'Est peuvent être placés à Kouroussa et à Gaya. Ses plus grandes dimensions sont d'environ 700 kilomètres du Nord au Sud et 1.500 kilomètres de l'Ouest à l'Est. Sa superficie est d'environ 600.000 kilomètres carrés. Elle est donc supérieure à celle de la France et à peu près égale à la surface cultivable de l'Afrique du Nord.

La population de la Boucle du Niger est d'environ 5.500.000 habitants, à peu près équivalente par conséquent à celle de l'Algérie, supérieure à celle du Maroc (4.600.000), supérieure également à celle de l'Australie (environ 5 millions).

La densité de la population est plus forte dans la Boucle du Niger que dans les colonies côtières (9 habitants par kilomètre carré au lieu de 7) ; et même au Mossi, dont l'important chef-lieu, Ouagadougou, vient de devenir la capitale de la colonie de la Haute-Volta, récemment créée, la densité approche de 20 habitants par kilomètre carré.

A l'est de la Boucle du Niger, entre le Niger et le Tchad, s'étend le territoire du Niger, dont la partie productive, comprenant une bande de 150 kilomètres au nord de la Nigéria anglaise, couvre approximativement 600.000 kilomètres carrés. Sa population est d'environ 1.000.000 d'habitants.

Ces territoires, Boucle du Niger et Territoire du Niger, dont la culture est actuellement limitée aux besoins des habitants, produisent du mil, du blé, du maïs, du riz, du manioc, de l'arachide. Ils se prêtent admirablement à l'élevage et à la culture du coton.

Tel est le schéma de ces deux grands réservoirs de produits et de population que constituent nos possessions de l'Afrique du Nord et de l'Afrique Occidentale Française.

Le niveau économique de l'Afrique Occidentale Française est sensiblement plus bas que celui de l'Afrique du Nord. Ce sont ces deux niveaux, aujourd'hui isolés l'un de l'autre, qu'il s'agit de mettre en communication par le canal du Transsaharien, ce qui ne manquerait pas, comme nous allons le voir, de produire pour tous deux un relèvement immédiat et important.

PERSPECTIVES ÉCONOMIQUES DE LA BOUCLE DU NIGER

Si l'on considère le mouvement commercial de l'A. O. F., on constate que l'exportation de cette colonie consiste presqu'entièrement en produits oléagineux : arachides, amandes et huile de palme. Ce sont des matières de faible valeur, en provenance surtout des régions côtières. Au contraire, par suite de l'absence de voies ferrées et de l'éloignement des côtes, on ne tire à peu près aucun parti des ressources considérables et de grande valeur que pourraient fournir l'élevage et la culture du coton dans la partie soudanaise de nos possessions et dans la zone submersible du Niger. —

Élevage. — De nombreux troupeaux vivent dans les pâturages de la Boucle du Niger, de l'Adrar, des Ifoghas et de l'Aïr. D'après des recensements effectués en 1912, le nombre des bovidés dépassait 6.000.000 de têtes. Le troupeau des ovins est beaucoup plus important. Nous avons évalué à 120.000 tonnes la quantité des produits de l'élevage que l'on pourrait dès maintenant tirer du Soudan ; nous pensons que, convenablement desservi, le pays donnerait bien davantage. Le projet Belime, notamment, dont nous parlerons tout à l'heure, en créant une zone de pâturages régulièrement irrigués, permettrait vraisemblablement de porter l'exportation des produits animaux (laines, cuirs, viandes) à 160.000 tonnes représentant une valeur de 640 millions. Le centre africain pourrait alors prétendre à un avenir comparable à celui de l'Argentine ou de l'Australie et devenir le parc à bétail de la France.

L'élevage devrait être complété par l'installation de l'industrie frigorifique pour la conservation de la viande. Cette industrie fonctionne depuis longtemps déjà aux Etats-Unis, en Argentine et en Australie, où elle est très prospère.

Culture du coton. — Comme le Nil, le Niger est soumis à des crues annuelles qui commencent avec la saison des pluies et se propagent successivement dans les divers biefs qui divisent le cours du fleuve.

La zone recouverte par les eaux varie de 6 kilomètres environ entre Mopti et Tombouctou à 1.500 mètres environ en amont de Tosaye. Sa superficie est d'environ 3 millions d'hectares comparable à celle de la zone d'inondation du Nil. La crue, qui a un débit de 500 mètres cubes en juin, atteint 5 à 6.000 mètres vers le mois de septembre et finit en janvier. Elle chemine d'ailleurs lentement, en raison de la faible pente du fleuve.

Par suite de l'insuffisance de son débit en hiver, le Niger ne se prête pas comme le Nil à l'arrosage des cultures d'hiver, telles que l'orge et le blé ; par contre, il permet d'arroser abondamment les cultures d'été, telles que le maïs et le riz ; il s'adapte surtout remarquablement à la culture du cotonnier dont les semis se font en juin et dont la récolte finit en février. Enfin, il permet le développement des pâturages irrigués.

Il convient d'ajouter que les rapides du Niger peuvent fournir une importante force motrice utilisable pour la préparation des viandes frigorifiées.

Mais jusqu'à présent, l'eau du Niger est restée à peu près inutilisée.

Le nouveau programme de M. le Ministre des Colonies comble aujourd'hui cette lacune, car il prévoit l'exécution progressive d'un vaste projet d'irrigation, à l'aval de Koulikoro, remarquablement étudié par M. l'Ingénieur Bélime. Ce projet s'étendrait sur 1.850.000 hectares, se répartissant comme suit, en tenant compte des assolements :

Cotonniers	540.000	hectares
Pâturages	370.000	—
Riz	335.000	—
Céréales diverses	265.000	—
Légumineuses	340.000	—
Total	1.850.000	—

Le projet Bélime comporte, d'ailleurs, la construction d'une usine hydro-électrique de 9.000 chevaux, dont la prise d'eau serait établie au droit des rapides de Sotuba.

Les 540.000 hectares affectés au coton pourraient avoir, grâce à l'irrigation, un rendement élevé d'environ 300 kilogs à l'hectare, soit au total de 160.000 tonnes, qui, au prix de 4.000 francs la tonne, auraient une valeur de 640 millions.

Un semblable développement du Soudan sera assurément une œuvre longue, coûteuse et délicate, mais qui, s'il est conduit avec l'habileté qu'ont montrée les Anglais aux Indes et en Égypte, donnera d'importants résultats. Il faudra non seulement construire des canaux d'irrigation, mais aussi instituer un régime qui attire les colons et leur fournisse l'abondante main-d'œuvre nécessaire aux cultures intensives. Ces questions ont été résolues ailleurs ; elles peuvent l'être également dans la vallée du Niger, surtout lorsque l'existence d'une voie transsaharienne aura facilité l'accès des colons algériens et l'arrivée rapide des produits manufacturés de notre colonie méditerranéenne.

En 1920, nous avons importé de l'Étranger :

230.000 tonnes de coton, représentant une valeur de un milliard 500 millions de francs ;

160.000 tonnes de laine, évaluées 2.700.000.000 francs ;

140.000 tonnes de viandes frigorifiées, évaluées 440 millions de francs.

40.000 tonnes de cuirs et pelleteries, évaluées 300 millions de francs.

Pour ces quatre articles, la France a donc payé à l'Étranger une somme de près de 5 milliards de francs. Les prix, il est vrai, ont sensiblement baissé ces derniers temps. Par contre, on doit remarquer que, pour le coton, notre importation étrangère n'a été que de 230.000 tonnes en 1920, alors qu'elle atteignait 320.000 en 1913. Cette importation reviendra aux chiffres d'avant-guerre, quand nos usines auront repris leur fonctionnement normal.

Or, ces articles sont précisément ceux que peuvent fournir la Boucle du Niger et la région des pâturages qui borde le Sahara. La mise en valeur de ces territoires, dont le Transsaharien serait l'instrument essentiel, nous permettrait donc de réduire de près de moitié les achats en coton et produits animaux que nous effectuons actuellement à l'Etranger et d'économiser ainsi une somme de 2 milliards environ.

TRAFIC DU TRANSSAHARIEN

L'exportation de ces produits constituerait le gros du trafic marchandises dans le sens Sud-Nord. En échange, on recevrait dans l'autre sens, soit des denrées de consommation originaires de l'Algérie : dattes, blé, fruits, etc., soit des produits manufacturés venant d'Europe : tissus et cotonnades, quincaillerie, etc. Quant aux transports de voyageurs, et notamment d'indigènes, ils seraient certainement considérables dans les deux sens, ainsi que l'a prouvé l'expérience de toutes les lignes nouvelles ouvertes dans de semblables contrées.

Dans l'étude détaillée (1) que nous avons consacrée à l'examen du trafic, nous nous étions efforcé de ne tenir compte que des éléments absolument certains, de façon que nos chiffres ne puissent donner lieu à aucune déception ; c'est la méthode que nous avions suivie pour la ligne de Touggourt, dont le trafic, dès la première année et dans les circonstances les plus difficiles, donna lieu à d'importantes plus-values sur nos prévisions.

Nous n'avions, d'ailleurs, envisagé que la période de début, à une époque où il n'était pas encore question du grand projet d'irrigation de l'Ingénieur Bélime.

Dans ces conditions, nos évaluations étaient basées sur un transport d'environ 60.000 voyageurs et 120.000 tonnes de marchandises.

Ces chiffres ont été discutés à nouveau par M. Fontaneilles, inspecteur général des Ponts et Chaussées, qui les a trouvés trop modestes. Le grand effort que l'on fait en ce moment pour l'exploitation rationnelle de nos territoires soudanais donne tout à fait raison à M. Fontaneilles et nous ne pouvons que nous rallier aux conclusions qu'il a formulées dans un article publié dans la *Revue Politique et Parlementaire* des 10 octobre et 10 décembre 1921 et auquel nous avons fait de larges emprunts. Aussi pensons-nous avec lui que l'effectif des voyageurs pourrait être porté à 75.000 et le tonnage probable des marchandises aux environs de 200.000 tonnes.

CONCURRENCE MARITIME

La principale et peut-être la seule objection que l'on fasse au Transsaharien au point de vue économique est que la Boucle du Niger est sensiblement plus rapprochée de l'Atlan-

(1) Transsahariens et Transafricains (1 carte), par le Lt-Colonel Godefroy, chez Emile Laroze, librairie-éditeur, rue Victor-Cousin, 11, Paris.

tique que de la Méditerranée ; que, d'une manière générale, la voie maritime, quand on peut l'utiliser, est moins coûteuse que la voie ferrée, et que, dès lors, c'est vers l'Atlantique que se dirigeront les marchandises destinées à l'exportation et non vers la Méditerranée.

Nous devons immédiatement retrancher de la comparaison les voyageurs et marchandises à destination ou en provenance de l'Algérie, et plus généralement de l'Afrique du Nord, car pour cette branche du trafic, le Transsaharien est, sans contestation possible, la voie d'acheminement la plus économique en même temps que la plus pratique. Or, ces transports auront vraisemblablement dès le début une grande importance qui ne fera que croître avec le progrès industriel de l'Algérie.

En second lieu, il convient de remarquer que, lorsqu'il s'agit de transports, surtout de transports commerciaux, il faut, en dehors du prix, considérer également la rapidité, la régularité et la sécurité des moyens entre lesquels on a le choix, et il est, en outre, nécessaire de tenir compte des délais d'attente dans les ports, des conditions et des frais de conservation et de magasinage, des facilités de transbordement et d'embarquement, et même pour certaines marchandises du climat des régions traversées ; c'est ainsi que la viande frigorifiée, qui doit être expédiée en quantités considérables, ne s'accommode ni des traversées dans les régions humides que l'on rencontre pour se rendre à la côte de l'Atlantique, ni des longs délais qu'entraînent les stationnements dans les ports ou la lenteur des parcours sur mer. La voie transsaharienne, située dans toute son étendue en air sec, est la seule qui puisse assurer à cette marchandise la régularité et la rapidité de transport nécessaires à sa conservation ainsi qu'à son écoulement facile sur le marché métropolitain.

D'ailleurs, c'est une erreur de croire que les prix du Niger en France, voie transsaharienne, seraient supérieurs aux prix, voie Atlantique. Nous avons examiné en détail cette question avec les tarifs d'avant-guerre ; M. Fontaneilles a repris la comparaison avec les tarifs d'aujourd'hui et, contrairement à ce que s'imagine le public qui n'a pas approfondi le problème, la voie transsaharienne doit être considérée, non seulement comme plus courte et plus rapide, mais encore plus économique que la voie Atlantique.

RENDEMENT DU TRANSSAHARIEN

Nous pouvons donc être assurés que le Transsaharien, dès qu'il sera réalisé, deviendra le débouché naturel de la Boucle du Niger. Quel en sera le rendement ? J'ai essayé de le déterminer avec les tarifs d'avant-guerre ; ces évaluations n'ont plus guère de sens aujourd'hui. Elles ont été reprises par M. Fontaneilles et en même temps contrôlées par un recoupement établi sur d'autres bases, en tenant compte des nouveaux tarifs. M. Fontaneilles arrive à cette conclusion que le Transsaharien produira, dès le début, une recette kilométrique brute de 60.000 francs suffisante pour couvrir les frais d'exploitation évalués à 40.000 francs par kilomètre, et laissera dès lors un produit net de 20.000 francs par kilomètre, appelé à augmenter, dans l'avenir, non seulement par la progression du mouvement commercial qui dépasse 10 0/0 par an en Afrique Occidentale Française, mais encore par la construction des prolongements que l'on peut, dès maintenant, envisager vers Zinder, le Tchad et l'Oubangui.

Beaucoup de personnes ne peuvent admettre qu'un chemin de fer, traversant sur plus de 2.000 kilomètres un désert comme le Sahara, puisse jamais devenir productif. C'est qu'elles ne veulent pas se rendre compte du rôle que cette communication est appelée à remplir. L'Océan aussi est un désert, plus stérile encore que le Sahara ; et des bateaux le franchissent non pas sur 2.000 kilomètres mais sur des 10 et 20.000 kilomètres, avec cette aggravation que la résistance à vaincre pour circuler sur la voie humide et cahotéuse des mers est beaucoup plus considérable que celle d'un train sur sa voie d'acier. Si l'Atlantique, du Havre à New-York, était un désert identique au Sahara, croit-on que le chemin de fer qui le traverserait serait une mauvaise affaire ? et, si le Sahara était une mer, ne serait-il pas sillonné de navires ?

J'entendais récemment M. du Vivier de Streel soutenir, dans l'intéressante conférence qu'il a faite à la Sorbonne, que les lignes désertiques étaient souvent les plus productives. Il y a du vrai dans ce paradoxe, car les lignes désertiques sont celles où le prix de revient des transports est le plus bas. De Paris à Marseille, un train de marchandises est obligé de s'arrêter tous les 10 kilomètres pour prendre ou laisser des wagons, avec des manœuvres, des retards, des pertes de temps, des frais de personnel, et la remorque écrasante des wagons vides à répartir tout le long de la ligne. D'Alger au Niger, le même train partira à charge complète, avec des marchandises payant pour la totalité du parcours, sans avoir aucune manœuvre à faire en cours de route. On conçoit combien son exploitation doit être plus économique et ressembler davantage à celle du navire, où on ne fait de manutention qu'à l'arrivée et au départ. C'est d'ailleurs pour ces raisons que sur les grands transcontinentaux américains qui franchissent souvent d'immenses étendues désertiques, les tarifs sont extrêmement bas et comparables à ceux du fret.

Il n'en ira pas autrement pour le Transsaharien qui, étant appelé à desservir les colonies prospères que nous possédons sur les deux rives du désert, deviendra infailliblement l'un des instruments les plus puissants et les plus productifs de notre activité économique en Afrique.

NOS COMMUNICATIONS AVEC LES COLONIES AFRICAINES
PENDANT LA DERNIÈRE GUERRE

Je passe maintenant à un autre ordre de considérations.

Au cours de la guerre, au fur et à mesure que se développaient les opérations sur le sol national et sur les théâtres extérieurs, la France fut amenée à faire un appel de plus en plus large aux ressources en soldats, main-d'œuvre et produits qu'elle pouvait se procurer dans son domaine colonial, et notamment en Afrique du Nord et en Afrique Occidentale.

L'Afrique du Nord fournit 250.000 soldats et 135.000 travailleurs ; l'Afrique Occidentale Française 135.000 soldats.

Il fut, en outre, transporté 20.000 permissionnaires par mois dans chaque sens entre la France et l'Afrique du Nord.

Nous n'avons pas pu connaître exactement le tonnage du matériel effectivement transporté en provenance ou à destination de l'A. O. F. dont une grande partie transitait par l'Angleterre, mais les quantités demandées à l'A. O. F. allèrent en croissant au fur et à mesure du prolongement de la guerre, malgré les compressions imposées par la pénurie des frets. A titre de renseignement, nous pouvons indiquer que la commission exécutive des importations avait prévu la fourniture de : 30.000 tonnes pour le premier trimestre 1918 et de 105.000 tonnes pour le quatrième trimestre 1918.

On avait également à recevoir des quantités encore plus importantes de marchandises en provenance de l'Amérique du Sud. Celles-ci étaient transbordées à Dakar des bateaux neutres sur les bateaux alliés, continuant dans les mers dangereuses.

L'utilisation de ces ressources ne laissa pas de se heurter à de nombreux obstacles. Bien que les Alliés fussent alors maîtres de la mer, ce n'est pas en effet sans difficultés que furent assurées les communications maritimes dans la Méditerranée et dans l'Atlantique. La présence des sous-marins ennemis gêna considérablement les transports et causa, soit dans un sens, soit dans l'autre, des retards préjudiciables au mouvement des troupes et au ravitaillement de la Métropole et des Colonies : à Dakar, les transbordements de bateaux à bateaux faisaient perdre du temps et, en outre, s'effectuaient difficilement. En octobre 1918, on avait un arriéré de 60 000 tonnes.

Quant aux pertes en hommes et en matériel, dues aux torpillages, nous n'avons pu en obtenir le décompte, mais elles furent très sensibles.

Les communications purent cependant être maintenues, grâce aux importantes mesures de protection prises sur les deux grandes lignes de circulation : Bordeaux-Dakar et Marseille-Alger ; mais il est bien certain que l'effort en quelque sorte passif ainsi dépensé par la marine française, eût pu être considérablement simplifié et avantageusement reporté ailleurs, si l'on eût pu disposer d'une voie terrestre de communication entre nos colonies de l'Ouest Africain et l'Algérie.

Une ligne transsaharienne qui eût existé en 1914, fût devenue, à n'en pas douter, l'une des voies de communication les plus importantes des nations alliées. On lui eût demandé de transporter non seulement les divisions de l'armée noire, mais encore les centaines de mille tonnes de produits coloniaux : viandes, riz, coton, caoutchouc, graines oléagineuses, etc., que l'insécurité des routes maritimes ne permettrait plus d'aller chercher dans les continents lointains, et elle eût, en tous cas, fourni le moyen de tirer un bien meilleur parti qu'on n'a pu le faire de ce grand réservoir d'hommes et de produits qu'est le Soudan.

L'UNION NÉCESSAIRE DE LA FRANCE AVEC SES COLONIES

D'ailleurs, avec sa population stationnaire de moins de 40 millions d'habitants, la France doit s'appuyer de plus en plus sur ses colonies.

Grâce à celles-ci, ainsi que l'a fort justement fait remarquer M. le Général Mangin, elle forme, en effet, un empire de 100 millions d'habitants ; mais, en cas de danger, ce fait ne serait qu'une vaine illusion, et peut-être même une cause de faiblesse, si ces Français dispersés sous toutes les latitudes devaient rester isolés les uns des autres.

On a souvent admiré, non sans raison, l'unité et la continuité de la politique extérieure de l'Angleterre ; or, sa principale directive nous paraît être la consolidation toujours plus ferme des différents fragments de son empire par tout cet ensemble de voies ferrées, de compagnies de navigation, de banques, de réseaux télégraphiques par fil, câbles ou T. S. F., d'agences de transports et de communications de toutes sortes, de stations de charbon et de pétrole, de postes de surveillance et d'appui sur tous les points du globe, qui assurent la solidarité en même temps que l'inviolabilité de toutes les parties du territoire, si minimes soient-elles.

Notre empire est comparable à celui de l'Angleterre, mais combien plus décousu ! Et cependant, avec la menace attachée à nos flancs, aggravée par le nouveau pacte germano-russe, combien plus que l'Angleterre devrions-nous avoir à tâche de rapprocher par des communications rapides les morceaux épars de notre domaine et de les réunir par des routes d'une sécurité absolue, leur permettant, en cas de besoin, de se soutenir réciproquement avec le maximum d'efficacité.

L'utilité d'une semblable politique est particulièrement évidente pour cette France nouvelle de 30 millions d'habitants (Algérie-Tunisie-Maroc, 12 millions ; Afrique Occidentale,

12 millions ; Afrique Équatoriale, 6 millions) que nous possédons dans notre voisinage immédiat, de l'autre côté de la Méditerranée, et qui finirait par nous échapper si, sous la pression des événements qui se déroulent journellement sous nos yeux, nous n'arrivions pas à prendre conscience de l'impérieuse nécessité d'en réaliser enfin la soudure avec la vieille France et de constituer sur les deux rives de la Méditerranée, au cœur de l'ancien continent, ce groupement, dont rêvait Prévost-Paradol, de 70 millions de Français, destiné à maintenir à travers le temps et contre toute atteinte le nom, la langue et la légitime influence de notre pays.

Le principal instrument de cette liaison nécessaire est l'établissement de la grande voie impériale de communication : Paris-Marseille-Alger-Niger-Congo, dont la ligne transsaharienne est l'élément essentiel.

CONSÉQUENCES DE LA CONFÉRENCE DE WASHINGTON

Un fait nouveau tout récent, d'une gravité exceptionnelle, vient militer en faveur de la réalisation aussi rapide que possible de ce complément indispensable de notre organisation coloniale et militaire.

La conférence de Washington, en effet, en réduisant à un nombre trop restreint d'unités notre flotte de haut-bord, nous enlève, en cas de conflit, la possibilité de garder nos communications africaines à la fois par l'Atlantique et par la Méditerranée. La maîtrise dans l'Océan est désormais au-dessus de nos propres moyens, et tout l'effort de la flotte qui nous reste devra être concentrée dans la Méditerranée sur le maintien de l'intégrité de la ligne Marseille-Algérie.

Sans doute, pouvons-nous espérer qu'en cas de circonstances mettant à nouveau en péril le sol national, nos alliés d'Angleterre et d'Amérique seraient encore avec nous pour défendre notre indépendance et la leur, et nous assurer dans l'Océan le concours des flottes puissantes qui nous ont rendu de si précieux services dans la dernière guerre, et qu'ils ont eu la précaution de conserver.

On ne saurait cependant se défendre d'une certaine anxiété pour l'avenir, quand on observe la marche parfois bien rapide des événements. L'Amérique semble se désintéresser de plus en plus de l'Europe. Ses yeux, ses efforts sont maintenant tournés vers le Pacifique et l'Extrême-Orient. Quant à l'Angleterre, affaiblie par une crise intérieure sans précédent et par la grandeur même de son empire, elle subit de plus en plus l'influence de ses dominions, qui, eux non plus, ne s'intéressent qu'accessoirement aux problèmes de l'Europe. Le plus grand, le plus riche, le plus puissant d'entre eux, le Canada, évolue dans l'orbite des Etats-Unis. Or, dans quelques dizaines d'années, le centre de l'empire britannique ne sera plus Londres, mais Ottawa. Il faut prévoir ces éventualités, et ne pas se laisser devancer par les événements. Quel concours pourrons-nous alors attendre des flottes anglo-saxonnes ? En l'absence d'un traité d'alliance qui compense notre affaiblissement maritime, quelle garantie pouvons-nous avoir pour la sécurité de nos communications atlantiques ? Allons-nous rester sous une sorte de protectorat naval de l'Angleterre et notre politique extérieure devra-t-elle désormais se plier aux conséquences d'une pareille servitude ? Assurément, dans leurs exigences, auxquelles nous avons cédé par fidélité à leur amitié, nos alliés ne se rendent pas compte des nécessités de la situation particulière où nous nous trouvons, et cela tient sans doute à la position privilégiée qu'ils occupent au milieu des océans, et qui les met à l'abri de toute atteinte, sans pourtant les empêcher de s'entourer des moyens de protection qu'ils refusent à leurs amis.

Quoi qu'il en soit, le danger de notre situation continentale et le souci de notre indépendance ne nous permettent pas de courir des risques de semblables incertitudes. Plus que jamais, nous devons pouvoir compter sur la sécurité absolue de nos relations avec nos colonies africaines.

Les nouvelles lois militaires en préparation prévoient une utilisation beaucoup plus complète que dans le passé des ressources en hommes et en matériel de nos colonies de l'ouest et du centre africains. Il est vraisemblable qu'une nouvelle mobilisation exigerait le transport d'au moins 200.000 à 300.000 hommes à expédier dans les deux ou trois premiers mois. Ensuite, il conviendrait de prévoir un mouvement permanent de 15 à 20.000 voyageurs par mois pour permissions, relèves et autres causes. Quant au tonnage annuel des marchandises à transporter en temps de guerre, il ne serait certainement pas inférieur à celui du temps de paix, qui est actuellement d'environ 400.000 tonnes dans les deux sens, comme nous l'avons vu tout à l'heure, auquel viendrait s'ajouter le tonnage encore plus élevé des marchandises, environ 1.200.000 tonnes, à destination ou en provenance de l'Amérique du Sud (Argentine, Brésil, Uruguay).

L'importance des communications que nous aurions à sauvegarder serait donc, en dehors du mouvement des troupes et de leur matériel, de 1.600.000 tonnes au total. C'est à peu près le volume du trafic de la grande ligne Paris-Orléans-Bordeaux, ou la moitié de celui de la grande ligne Paris-Lyon-Marseille (3.000.000 tonnes).

D'un autre côté, nos colonies ne peuvent pas plus rester isolées les unes des autres que la Métropole ne doit en être séparée. C'est une nécessité de leur propre défense. En particulier, la liaison doit exister entre l'A. O. F. et l'Algérie. Sans doute, une attaque contre les côtes est-elle peu à redouter ; car, s'il est une leçon qui ressorte nettement de la dernière guerre, c'est bien l'impuissance à peu près complète des flottes contre les côtes. Aucune tentative contre celles-ci

n'a pu réussir, ni dans la Mer du Nord, la Baltique ou l'Adria-
tique, ni même contre le littoral beaucoup moins bien défendu
de la Turquie d'Europe ou de la Turquie d'Asie. Le rôle des
escadres ne s'est montré efficace que dans la protection des
convois et le blocus des pays ennemis. D'ailleurs, nous aurions vraisemblablement affaire à des sous-marins plutôt qu'à
de grosses unités. Mais le risque de blocus subsiste ; de plus,
il convient de remarquer que, du Maroc au Congo, on rencontre soit des îles, soit, enclavées dans nos possessions, des
colonies étrangères qui n'appartiennent pas exclusivement à
nos alliés et qui ont maintes fois servi de repaires aux sous-
marins ennemis. Ce sont là autant de postes susceptibles
d'être utilisés pour l'organisation de soulèvements à l'intérieur
de notre territoire. En cas de conflit, nos colonies de l'Afrique
Occidentale et de l'Afrique Equatoriale pourraient donc désormais être exposées sans défense à ce double péril de blocus et
de tentatives insurrectionnelles.

Nous sommes ainsi conduits à cette conclusion que, dans
l'état actuel des choses, les accords de Washington ont pour
effet, dans l'hypotèse d'une nouvelle conflagration :

1° d'isoler complètement nos possessions occidentales et
équatoriales et de les séparer dès lors à la fois de la métropole et de l'Algérie ;

2° de les empêcher, par conséquent, de fournir à la France,
les appoints en hommes et en produits qui nous seraient
alors nécessaires ;

3° enfin, de rendre très difficile leur propre défense ainsi que
leur ravitaillement en certaines matières, notamment en
charbon et en pétrole.

Pour parer à ces divers dangers, il ne suffit pas seulement
qu'elles soient reliées entre elles par le réseau des voies
ferrées d'intérêt local, actuellement en cours de construction.
Il est indispensable qu'elles puissent également être rattachées
à l'Algérie, et, par l'Algérie, à la France, au moyen d'une
communication rapide, permanente, d'une capacité suffisante,
et à l'abri de toute atteinte.

Cette communication ne peut être réalisée que par le Transsaharien, d'une manière d'ailleurs parfaite, bien supérieure
même à celle de toute voie maritime, nécessairement lente,
intermittente, précaire et soumise aux dangereux aléas des
sous-marins et des aéroplanes.

On peut donc se consoler de la déception d'amour-propre
que nous inflige la conférence à Washington, si celle-ci, en
consacrant notre déchéance navale, nous oblige à nous concen-
trer sur les moyens terrestres, bien supérieurs aux moyens
maritimes, pour donner à notre domaine africain, uni à la
France, la possibilité de se suffire à lui-même et d'assurer,
avec la défense du Pays, le plein épanouissement de ses
richesses naturelles.

LE TRANSSAHARIEN ET LA CRISE ÉCONOMIQUE

On pourrait encore invoquer en faveur du Transsaharien un autre argument de caractère à la fois économique et social. Depuis le grand bouleversement de la guerre, le monde entier traverse une crise très complexe en même temps que très grave, à laquelle nous échappons en partie parce que toute l'activité de nos usines et de nos chantiers est concentrée sur la remise en état de nos régions dévastées. L'Etat, soit directement, soit par divers organes : Crédit national, chemins de fer, groupements de sinistrés, emprunte tous les ans 15 à 20 milliards, qui se répandent finalement sur le monde des industriels et des entrepreneurs et préservent notre main-d'œuvre du chômage.

En Angleterre et en Amérique, où on n'a pas de régions dévastées, sévit au contraire une crise sociale intense, due à ce que les industries de ces pays ne reçoivent plus de commandes de l'Europe appauvrie. De là, fermeture de mines, d'usines, et chômage de 2 millions d'ouvriers en Angleterre et de 4 à 5 millions aux Etats-Unis. Dans ces pénibles circonstances, il est difficile de s'expliquer pourquoi nos alliés n'ont pas cherché à prendre à leur charge une partie de nos réparations, ce qui, en même temps, aurait fourni du travail à leurs ouvriers et des commandes à leurs fabriques. Ils ont préféré chercher ailleurs des débouchés : les Américains en Extrême-Orient, et les Anglais en Russie. Nous supportons donc seuls le poids des restaurations dans nos départements du Nord et de l'Est. Notre industrie trouve là un aliment puissant et qui durera encore quelques années. Cela la dispense, pour le moment, de lutter avec la concurrence internationale pour se créer une place sur les marchés étrangers ; mais cette sécurité momentanée constitue un grand danger, car dès que le Nord aura été restauré, la manne bienfaisante des 15 à 20 milliards, empruntés par l'Etat cessera de se répandre sur l'industrie, et il est à craindre qu'une crise extrêmement grave de chômage et de conflits sociaux analogues à celle dont souffre l'Angleterre, peut-être plus violente, ne vienne bouleverser le pays.

N'oublions pas, qu'avec le retour de l'Alsace et de la Lorraine, avec le bassin de la Sarre, avec la reconstruction de nos vieilles usines sur les bases les plus modernes, avec l'essor que les nécessités de la guerre nous ont conduits à donner à de nombreuses branches de notre production, la France est maintenant devenue un grand pays industriel. Elle est dès lors obligée, si elle ne veut pas déchoir, de se procurer impérieusement des débouchés sur les marchés extérieurs, et pour cela de lutter avec une concurrence, qui sera extrêmement âpre et ne se laissera pas déloger facilement. La cessation des emprunts d'Etat, sur lesquels vit actuellement notre industrie, est une échéance redoutable, à laquelle il faut songer. Par la force des choses, nous serons alors conduits à donner une impulsion beaucoup plus vive à l'exploitation du champ encore à peu près vierge de nos colonies, et tout particulièrement de nos colonies africaines, si proches de la Métropole. C'est dans leur mise en valeur, c'est dans la création de leur outillage économique et surtout des voies ferrées, que nos usines pourront trouver l'écoulement de leurs produits fabriqués, et notamment de leurs produits métallurgiques, pendant cette période critique de réajustement que l'on doit dès maintenant prévoir.

CONDITIONS TECHNIQUES D'ÉTABLISSEMENT

Nous arrivons maintenant aux conditions techniques d'établissement de la ligne transsaharienne. Elles ont donné lieu jusqu'à présent à bien des discussions portant principalement sur le tracé et sur la largeur qu'il conviendrait de donner à la voie.

Le fait nouveau que constitue la conférence de Washington est susceptible de simplifier considérablement les éléments du problème, en faisant passer au premier plan les considérations d'ordre politique et militaire pour le choix de la solution à adopter.

Largeur de la voie. — Dans l'étude économique et technique que nous avons consacrée, il y a quelques années, à cette question, nous penchions pour la voie d'un mètre, suffisante au moins à titre provisoire pour assurer le trafic et le développement des colonies françaises desservies et en même temps sensiblement plus économique que la voie normale. Mais il est bien évident qu'en présence de l'importance capitale que cette grande artère va être appelée désormais à prendre, soit comme instrument de défense de nos territoires africains, soit comme ligne de communication de nos armées opérant sur le sol national, la voie d'un mètre devient tout à fait insuffisante et qu'il convient d'adopter sans aucune hésitation la voie normale, seule susceptible de répondre convenablement aux besoins d'une nouvelle mobilisation.

Nous avons vu tout à l'heure que le courant commercial annuel qui existe entre l'A. O. F., l'Amérique du Sud et la France atteint actuellement 1.600.000 tonnes, comparable à celui de la ligne de Paris-Orléans-Bordeaux.

A l'époque où le Transsaharien pourrait être achevé, soit dans une dizaine d'années, ce courant sera vraisemblablement doublé, et atteindra l'importance du trafic actuel de la grande ligne de Paris-Lyon-Marseille.

En temps de guerre, tout ce courant devrait être dérivé sur le Transsaharien. La voie normale unique serait elle-même insuffisante. Il faudrait une double voie pour absorber un pareil trafic.

Il n'y a donc plus lieu de discuter, il faut adopter dès le

début la voie large ; et même conviendrait-il peut-être d'envisager également l'élargissement des voies qui devront relier le Transsaharien à Dakar et à Conakry. Pour commencer, on se contentera cependant de la voie simple normale avec de nombreuses voies de garage, sans perdre de vue qu'en cas de guerre, on serait peut-être amené à la doubler comme on l'a fait sur le Transsibérien.

Tracé. — Pour la détermination du tracé, les considérations stratégiques priment également toutes les autres. C'est ainsi qu'on ne peut plus songer aux lignes dont il a été souvent question en bordure de l'Atlantique ou de la Tripolitaine et venant se souder aux réseaux marocain et tunisien. Par leur voisinage de la mer, ou de territoires dont nous ne sommes pas les maîtres, ces lignes risqueraient d'être soumises aux incursions de groupes hostiles et seraient exposées, par conséquent, à des coupures qui leur enlèveraient toute efficacité. On ne peut donc hésiter qu'entre les solutions proposées pour le Transsaharien central. Or, celui-ci, à son extrémité sud, a un point de départ obligé à Tosaye, près de Bourem, où le Niger, resserré entre deux rives escarpées, présente le seul passage favorable à l'établissement de l'ouvrage d'art qui doit en permettre le franchissement. Tosaye, qui n'est qu'une simple expression géographique, ne saurait constituer le terminus sud du Transsaharien. Celui-ci devrait être prolongé jusqu'à Ouagadougou, chef-lieu de la Haute-Volta, au centre de la Boucle du Niger, et qui est appelé à devenir le point de convergence des différentes lignes aboutissant aux ports de l'Atlantique.

De Tosaye aux abords d'Insalah, le tracé ne peut que se dérouler dans la large trouée qui sépare les énormes massifs de dunes de l'Erg Oriental d'une part, de l'Iguidi et du Djouf de l'autre. Cette trouée constitue entre l'Algérie et le Soudan une sorte de pont que l'on ne peut faire autrement que d'emprunter. L'incertitude commence aux abords de l'Algérie, où ce pont s'épanouit en deux grandes branches séparées par l'Erg Occidental : l'une qui remonte la vallée de la Saoura et conduit à Colomb-Béchar et Oran, l'autre qui suit l'Oued Mia et aboutit à Touggourt, Biskra, Constantine et Philippeville. Donc deux solutions correspondant l'une et l'autre à des tracés inaccessibles à toute tentative extérieure et nous offrant dès lors toute garantie de sécurité.

Dans l'étude dont nous avons parlé plus haut, où nous envisagions seulement le côté économique et technique de la question, nous n'avons pu, faute de renseignements suffisants et d'un examen comparatif sur place, nous prononcer en faveur de l'un ou de l'autre de ces deux tracés. D'après des renseignements qui m'ont été fournis récemment par des officiers ou voyageurs n'ayant aucun parti-pris et ayant effectué les deux parcours, il semble maintenant que le tracé par Colomb-

Béchar présente des conditions techniques plus favorables que le tracé par Biskra, notamment au point de vue de l'alimentation en eau et du profil en long ; en outre, si on utilise la ligne existante du Sud Oranais, ce tracé est plus court que l'autre de 300 kilomètres environ ; mais il faudra tenir compte aussi des considérations d'ordre stratégique.

A cet égard, il y aura lieu d'envisager, nous semble-t-il, la liaison du terminus Oran ou Philippeville avec la marine, et la liaison du chemin de fer avec la T. S. F. et aussi avec la voie de navigation aérienne qui ne manquera pas de le survoler. Ces considérations peuvent avoir une grande importance pour le choix du tracé. Si l'on se décidait pour Oran, le problème serait quelque peu simplifié, car le tracé par la vallée de la Saoura a déjà fait l'objet d'études sur le terrain dont on trouvera le compte rendu dans la *Revue des chemins de fer* d'avril 1914.

Difficultés de construction. — On a beaucoup exagéré les difficultés de la construction. Les deux plus sérieuses résident dans la pénurie d'eau et dans la pénurie de main-d'œuvre.

Pour parer au manque d'eau, on a proposé de renoncer à la traction à vapeur et de recourir soit à des locomotives actionnées par des moteurs à combustion interne, soit à la traction électrique. Malheureusement, l'électrification est un procédé d'exploitation très coûteux, tant que le nombre des trains est faible ; quant aux locotracteurs à hydrocarbure, ils n'ont pas encore fait leur preuve. Nous pensons donc qu'il faut prendre son parti, comme le propose M. Fontaneilles, de l'établissement d'une canalisation alimentée par le Niger et longeant la voie dans sa partie sèche depuis le Niger jusqu'aux abords d'Insalah, sur une longueur d'environ 1.200 kilomètres. Une pareille canalisation supprimerait, d'autre part, toute difficulté pour le ravitaillement en eau du personnel, et l'arrosage des cultures que celui-ci pourrait entreprendre aux abords des postes et gares. Le prix de cette canalisation serait d'environ 100.000 francs par kilomètre. Peut-être un jour sera-t-il possible de recourir à l'emploi de machines à condensation de vapeur ?

L'insuffisance de la main-d'œuvre risque de compromettre la rapidité de la construction. Or, pour opérer économiquement dans de semblables régions, il est indispensable d'aller très vite. Il faudrait pouvoir faire 200 kilomètres par an de chaque côté ; cela ne paraît point impossible, mais à la condition essentielle de disposer de part et d'autre d'un minimum de 4.000 travailleurs. Des mesures spéciales devront être prises pour recruter et conserver de semblables effectifs.

Nous n'insisterons pas sur les autres particularités de la construction. Ce qui complique l'établissement des voies ferrées, ce sont les massifs montagneux et les cours d'eau. L'eau est le cauchemar des constructeurs de chemins de fer.

Or, dans son ensemble, le terrain traversé par le Transsaharien est peu accidenté, et on n'y rencontre pas d'eau. Il se présente donc dans des conditions particulièrement faciles, contrairement à ce que s'imagine le public. Il y aurait peu d'ouvrages d'art, en dehors du pont sur le Niger ; quant aux passages sablonneux, ils sont peu nombreux et peu importants et ne constituent pas un obstacle.

Caractéristiques techniques. — Les principales caractéristiques techniques seraient les suivantes : minimum ordinaire des courbes, 750 mètres, exceptionnel, 300 ; maximum de déclivité, 10 m/m. par mètre, exceptionnel, 15 m/m. ; dans les sections sèches : traverses métalliques en auge ; dans les sections humides : traverses en bois de cèdre ; largeur de la plate-forme : 7 mètres ; ballast en gravier, galets ou pierre cassée à raison de 1.400 par mètre ; rail à patin sur sellettes, sauf dans les régions sablonneuses où on fera usage du rail à double champignon qui laisse au-dessous de la base inférieure des rails un espace libre favorable à l'évacuation du sable sous l'influence du vent ; poids du rail : 36 kilogrammes par mètre.

Dépenses de premier établissement. — La partie saharienne du tracé de Colomb-Béchar à Tosaye passe par la vallée de la Saoura, Adrar, Aoulef, In-Zize, Timissao, Bouressa, Kidal. Elle a une longueur de 2.100 kilomètres. De Tosaye à Ouagadougou, la partie soudanaise s'étend sur 700 kilomètres. La longueur totale est donc de 2.800 kilomètres.

D'après les prix actuels des matériaux et de la main-d'œuvre, on peut évaluer la dépense de construction du kilomètre à environ 300.000 francs, non compris les frais des canalisations hydrauliques ou, le cas échéant, des installations électriques dans les sections difficiles, lesquels peuvent être fixés à 100.000 francs par kilomètre.

Enfin, pour le cas où il y aurait lieu de tenir compte des intérêts intercalaires du capital engagé dans la construction, il faudrait prévoir de ce chef une dépense supplémentaire de 100.000 francs portant ainsi le prix de revient total à 500.000 francs par kilomètre.

D'après cela, les 2.800 kilomètres représentent une dépense de construction de 1.120 millions de francs sans les intérêts intercalaires, et de 1.400 millions de francs si on tient compte de ces derniers.

C'est le prix de quatre « capital-ships » de 35.000 tonnes.

La conférence de Washington nous permet donc de remplacer les cuirassés, dont elle nous impose l'économie, par un instrument beaucoup plus efficace en même temps que moins coûteux.

Avec le tracé par Touggourt, plus long de 300 kilomètres, la dépense serait majorée de 120 à 150 millions.

Nous n'avons pas tenu compte dans ces dépenses des transformations à effectuer pour ramener à voie large les sections de Colomb-Béchar-Perregaux ou de Touggourt-Biskra, car il nous paraît vraisemblable que l'Algérie prendrait ces frais à sa charge.

Mode d'exécution. — Qui serait chargé de la construction ? Nous pensons que l'on pourrait recourir à une organisation analogue à celle qui a été adoptée par le réseau marocain, lequel a été confié à un consortium comprenant les réseaux du P.-L.-M., de l'Orléans et de la Banque de Paris et des Pays-Bas.

Pour le Transsaharien, la concession nous semble pouvoir être accordée au même groupement qui renferme les sociétés les plus qualifiées dans l'établissement des voies ferrées et les plus intéressées au bon fonctionnement et au bon rendement de la ligne.

PROLONGEMENT ULTÉRIEUR SUR LE CONGO

Tout autant que l'Afrique Occidentale et pour les mêmes raisons, le Congo doit être rattaché à l'Algérie par une voie terrestre. Dès que le Transsaharien atteindra le Niger, il faudra donc songer à son prolongement sur l'Afrique équatoriale. Cet embranchement devra se détacher de la ligne principale, non pas en plein Sahara, comme le proposait le projet Berthelot, mais aux abords de Tosaye et gagner le Tchad par Gao, Ansongo, Niamey, Zinder, desservant ainsi toute la région peuplée, fertile et productive du Territoire du Niger. Du Tchad, la ligne gagnerait ensuite par la vallée du Chari, Bangui, où elle se rattacherait à la navigation fluviale de l'Oubangui et du Congo et où elle prendrait contact avec le Congo Belge.

Dans cet exposé des différents aspects de la question du Transsaharien, nous nous sommes efforcé de démontrer que cette grande ligne est non seulement un des éléments essentiels de l'outillage économique de nos colonies, mais qu'elle est surtout l'organe le plus nécessaire à la consolidation de notre édifice africain et à la sécurité même du sol national. Au XVIII⁰ siècle, nous avons perdu par indifférence le Canada et les Indes, vastes pays pleins de promesses, mais avec lesquels nous n'avions pas su établir des liaisons suffisantes. Depuis une centaine d'années, après la prise d'Alger, nous sommes parvenus, par un labeur persévérant, à reconstituer un autre empire colonial, également magnifique et également convoité. Cette nouvelle France ne doit pas nous échapper. Ses destinées sont entre nos mains et nous manquerions à notre devoir si nous n'étions pas capables de faire l'effort nécessaire pour l'attacher d'une façon indissoluble à la mère-Patrie, devenue ainsi définitivement une et indivisible.

Imprimerie L. Coquemard, Angoulême.

www.ingramcontent.com/pod-product-compliance
Lightning Source LLC
LaVergne TN
LVHW021452060726
842527LV00006B/2188